장국밥

국립중앙도서관 출판시도서목록(CIP)

장국밥 / 지은이: 민병도. -- 양평군 : 시인생각, 2013
  p. ;   cm. -- (한국대표명시선100)

ISBN 978-89-98047-58-0 03810 : ₩6000

"민병도 연보" 수록
한국 현대시조[韓國 現代詩調]

811.36-KDC5
895.715-DDC21   CIP2013011768

한국대표
명시선
100

민병도

장국밥

시인생각

■ 시인의 말

어느 독자에게 쓰는 편지

　지금 막 창문 너머로 꾀꼬리들의 이중창이 들려오기 시작하네요. 아무리 여러 번을 들어도 그 목소리 하나만은 일품입니다. 나는 쓰던 글을 멈추고 한참이나 귀 기울이고 있다가 소리가 잠잠해진 뒤에야 제자리에 앉았습니다. 오늘따라 비교적 소리의 고저나 장단의 변화가 심한 것을 보니 뭔가 하고픈 말이 많았나 봅니다.
　가만히 생각해보자니 별로 힘들이지 않고도 사람을 감동시키는 그 소리가 무척이나 부러웠습니다. 한 생애를 다 바쳐 공들여온 나의 시조는 다른 독자는 차치하고라도 나 자신도 감동시키지 못하니 말입니다.
　세상이 만만하지 않다는 것을 인정하기까지는 그러나 참으로 많은 시간이 필요했습니다. 게다가 예술이라니요. 더욱이 모두가 소멸을 예고했던 시조였으니 그 험로야 더 말해 무엇 하겠습니까. 어쩌면 꾀꼬리로 태어나지 못한 내가 꾀꼬리소리를 흉내 내고 있었던 것은 아닌지 모르겠습니다.

　본 대로 말한다면서 아는 대로 말하고 남의 생각을 들어주면서도 내 생각에만 집착하였던 때가 있었습니다. 내 이

야기를 하면서도 모든 사람의 이야기라고 우기고 내 판단을 말하면서 세상의 정의인양 강변하던, 그것이 응석인 줄 모르던 때가 부끄럽기 짝이 없지만 그나마 좋았습니다. 그것이 손가락질 받는 행동이라는 걸 느끼지 못하였기 때문입니다.

그림을 그리면서 조금은 거리를 두고 보아야 더 잘 보인다는 사실을 알게 되었습니다. 그래서 사람의 중심에서 조금 벗어나 시골로 들어왔습니다. 바람과 조우하는 나뭇잎을 보게 되었습니다. 맑은 물과 더러운 물이 하나로 손잡는 모습을 보았습니다. 다가올 시간을 예비하며 꽃 피우고 열매 맺는 들풀들을 보았습니다. 자신을 키워준 흙에게 거름이 되어 갚음하는 썩은 나무를 보았습니다. 모두가 진정한 소통이자 화해라는 걸 조금씩 깨닫기 시작하였습니다.

생각의 교정이 필요했습니다. 나의 독자들에게 나처럼 감정의 자기 배설에, 음정도 박자도 맞지 않는 세레나데가 응석받이 놀음이라는 것을 말해주고 싶었습니다. 우선은 생각의 길이를 늘이고 사유의 깊이를 더해 오독誤讀과 오판誤判을 줄여야 했습니다. 내가 내린 오진으로 인한 피해자를 줄여야 했고 나로 인해 길 잃는 자를 막아야 했기 때문입니다.

존재의 현상에서 진단을 찾고 시간의 질서에서 처방을 찾아야 했습니다. 거기에는 사람이 있고 가족이 있고 사회가 있었습니다. 자연이 있고 우주가 있고 지나간 역사와 다가올 미래가 함께 자리하고 있었습니다. 그 장엄한 시간 속에 바치는 한 톨의 씨앗이기 위하여 밤을 설쳐야 했고 무딘 붓을 잡아야 했습니다.

　시조를 위하여 나의 삶을 바쳤다고는 말하지 않겠습니다. 아니 어쩌면 나의 온전한 정체성을 지키고 확장시키는데 시조를 이용하였다는 편이 옳을 것입니다. 시조만이 내가 생각하는 삶의 길라잡이라는 주장 또한 하지 않겠습니다. 그것이 시가 되었든, 그림이 되었든, 농사일이 되었든 삶은 어차피 선택일 테니까요. 다만 나의 길에는 시조라는 선택의 기회가 주어졌고 나는 그 선택을 후회하지 않을 만큼 최선을 다할 뿐이었습니다.

　그래도 시조는 너무 낡았고 낯설게 느껴진다고 하셨나요? 700년이 넘도록 소중하게 가꾸어 온 우리 민족시의 숲이 왜 낯설게 느껴졌을까요. 그것은 아마도 우리의 민족사적

위기 앞에 들이닥친 서양문물과의 차이 때문이었을 것입니다. 기력이 쇠진해진 우리들 앞에 나타난 이민족의 막강한 힘은 놀라움 자체였을 테니까요. 물론 그것은 힘 있는 자들 앞에서 순간적으로 버린 자존심으로부터 출발하였지만 많은 기회주의자들을 묵인하게 되고 급기야 동조 되어버린 시대사적 아픔이겠지요.

　이 세상 어디에 700년이 넘는 기간 동안 자기만의 시를 온전히 발전시켜 온 민족이 있습니까? 조금만 낡거나 불편해지면 가차 없이 버리는 것이 문명의 속성입니다. 불편한 그릇은 바꾸는 게 순리라 했습니까? 그것이 보물인데도 말입니까. 문제는 차라리 보물이면 쓰지 않고 진열장에라도 보관할 텐데 지금도 사용하고 있으니 논란이 되는 것이겠지요. 어느 민족이 보물로 밥을 담고 보물로 국을 담는 그릇으로 사용하겠습니까? 우리는 지금 보물로 국을 담고 보물로 밥을 담아 일상에 사용하고 있습니다. 그러니 우리네 국격은 비교해 무엇 하겠습니까.

　그릇만 해도 그렇습니다. 같은 흙으로 신라 때는 토기를, 고려 때는 상감청자를, 그리고 조선시대에는 청화백자를 만

들었습니다. 그러니 지금은 스텐이나 세라믹 그릇을 사용하자고요. 많이 사용해 보았지요. 그런데 그 그릇에 담는 음식과의 조화가 원만치 못하여 다시 도자기로 돌아가지 않았습니까?

시조라는 그릇도 많이 바뀌었습니다. 지금은 조선시대의 그 짧은 단시조가 아니라 연시조가 주류를 이루고 있습니다. 문제는 그릇에 있는 것이 아니라 그 그릇에 담는 음식의 맛과 영양분에 있을 것입니다.

아무리 찻사발이 좋기로 모두가 찻사발만 만들면 차를 마실 수가 없습니다. 찻잔도 만들어야 하고 다관도 만들어야 합니다. 더욱 중요한 것은 그 찻잔에 담을 좋은 차를 만드는 일이겠지요.

나는 시조라는 그릇을 만드는 도공이 아닙니다. 그 그릇에 담을 음식을 만드는 요리사일 따름입니다. 첫째는 맛이요, 둘째는 영양분이었으며, 셋째가 그 음식을 담을 그릇의 선택이었습니다.

그리하여 시조는 나의 나약한 생각을 살찌우는 가랑비였고 나의 꿈과 이상을 실어 오는 나룻배였습니다. 그것은 또한 나의 갈증을 해소시키는 냉수였었고 자꾸만 흔들리는 나의 마음을 고정시키는 버팀목이었습니다. 그리고 마침내 시조는 내게 그 어떤 유혹도 떨치고 믿음으로 나아갈 수 있는 길이었습니다.

2013년 6월

민 병 도

■ 차 례 ——————————————— 장국밥

시인의 말

1

참꽃　17
은하수　18
광장에서　19
반송　20
들풀　21
마침표　22
저무는 강　23
산그늘　24
겨울 풀밭　25
포클레인이 있는 풍경　26
앉은뱅이꽃　27
겨울 들판　28

한국대표명시선100 민 병 도

2

동그라미　　31
옹이　　32
백미러　　33
삼경三更　　34
물　　35
서귀포 바다 —이중섭 생각　　36
이름　　37
삼보일배　　38
흙　　39
유등 연못　　40

3

정거장　43
보리밟기　44
출타　45
남산 가는 길　46
댓잎　47
폐선　48
눈　49
귀뚜라미　50
가을은　51
금호강　52
삶이란　53

4

길　57
겨울 금천錦川　58
슬픔　59
새벽 강　60
가을 삽화挿畵　61
첫눈　62
장국밥　63
풍경風磬　64
목련　65
비로소 한 사람이　66

5

저 산에　69
솔　70
그리운 성산포　71
갈대　72
상처　73
낙엽의 길　74
아침노을　75
그대 안에　76
설잠雪岑의 버들피리　77
오원吾園의 눈　78
마을　79
기러기　80

민병도 연보　81

1

참꽃

형 대신
징용 갔을
그 산길에
곱던 참꽃

올해도
어김없이
절며 오네
혈서처럼

남아서
부끄러운 사람,
한 명 한 명
안부를 묻네

은하수

북만주
홀로 갇힌
마른 울음
들리는 밤

신발을 벗어들고
새벽 하늘 걷노라면

대꽃 핀
마을로 갔나
뼈가 허연
발자국…

광장에서

구급차를 따라가며 또 하루가 저물고
시간이 멈춰버린 시계탑에 눈이 내린다
아마도 짓밟힌 꽃잎을 덮어주려나 보다.

하나 둘 모여드는 얼굴 없는 군중 사이
바람은 돌아와서 제 과거를 닦는지
찢겨진 현수막 앞에 공손히 엎드린다.

"광장을 닫으려면 자유도 함께 닫아라"
누구도 소리 질러 외치지 못했지만
허공을 떠돌고 있는 뜨거운 목소리들.

그 누가 침묵 더러 가장 큰 소리라 했나
하나되기 위하여 건네주는 촛불 속에
밟혀도 밟히지 않는 발자국이 보인다.

반송

그새 이사를 갔나
편지가 돌아왔다

먼지처럼 헤매었을
긴 시간의 물집 위로

달빛에
끊어진 길도
돌아와서 누웠다.

들풀

허구한 날
베이고 밟혀
피 흘리며
쓰러져놓고

어쩌자고
저를 벤 낫을
향기로
감싸는지…

알겠네
왜 그토록 오래
이 땅의
주인인지

마침표

힘겹다고 함부로
마침표 찍지 마라

그리움도 설레임도
낡고 삭아 지겹지만

끝나도
끝나지 않은,
상처 안에 길 있으니

저무는 강

옷깃에 몰래 묻은 흙먼지를 털어내듯
또 한 해를 내다버리고 빈손으로 돌아오면
허전한 가슴 한쪽을 가로질러 저무는 강.

물에 발을 묻는다고 그리움이 삭겠냐만
지는 해와 강도 함께 떠나보낸 물오리 떼
퍼렇게 멍들고 지친 물소리를 닦고 있었다.

어둠 앞에 흔들리는 서로의 손을 잡고
불 켜진 낯선 마을로 흘러가는 저 강물처럼
노래를 뼈에 묻으면 삶도 다만 긴 느낌표.

산그늘

솔개가 방금 떠난 창백한 하늘가로

지우다만 슬픔 안고 낮달마저 물러나면

어머니, 못 다 판 하루를 포개 이고 오시네.

잿빛 무명치마에 밑창 빠진 고무신으로

강물 속을 걸어가도 발끝 하나 젖지 않고

풀 향기 어루만지며 저문 들을 건너시네.

고장 난 시계처럼 돌아오지 않는 시간은

지상의 외진 언덕 배꽃으로 하얀데

어머니, 된장국 끓는 마을 홀로 지키시네.

겨울 풀밭

새벽은 아직 먼데 서로 등을 기대 봐요

별빛을 붙잡아도 이내 손을 푸는 바람,

이 한철 찬바람만이 우리들의 양식이네요

죽어 외려 꼿꼿한 힘 어디서 나오는지

온 세상 떠돌다오는 상처 많은 물소리로

풀수록 쌓여만 가는 의문들을 씻어요

너무 깊이 들어가면 출구는 버려야해요

허리 꺾인 한 생애를 뿌리째 돌려주고

차라리 죽음보다 깊은 고요를 꼭, 잡아요

포클레인이 있는 풍경

버들 숲이 사라진 건 백학기가 아니다
읍내장 가는 길이 태풍에 쓸려간 뒤
다 낡은 포클레인 하나 점령한 뒤부터였다

길 잃은 야수파의 습작용 그림에서나 본
유난히 삐걱대는 속수무책의 긴 팔놀림,
새들도 키 큰 나무도 숨죽이고 떨었다

부풀려진 전리품의 부풀려진 목록처럼
능욕의 현장마다 뻔뻔하게 들이대지만
아무도 두 팔을 벌려 가로막지 못했다

점령의 상징처럼 잘라낸 나무들의
죽음에 기댄 삶이 신앙보다 깊고 깊어
우리는 하루 또 하루 포클레인을 닮아갔다

앉은뱅이꽃

그대여, 발에 차인 돌이었나 싶은 날은
그리움을 더듬어 간신히 불을 켠 채
바람에 먼 길을 묻는 앉은뱅이꽃을 보아라

아무데나 자리 깔아 밟히고 뭉개져도
꽃잎 속 숨은 햇살과 물소리를 받들어서
흙 한줌 꽉 움켜잡은 아픈 삶을 보아라

슬픔도 닦아두면 창가로 가 별이 되지
어둠이 깊을 때마다 형용사로 돌아와서
저렇듯 멍이 들어도 고운 꿈을 보아라

겨울 들판

콩 타작을 끝으로 가을도 끝이 났다
외면 받은 이름들은 낱알로 뒹굴다가
하나 둘 무대 밖으로 자취를 감추었다

슬픔마저 그리워진 신라의 들판 위로
서툴렀던 고백처럼 첫눈이 다시 오고
강물은 뜨겁던 노래 속살 깊이 묻었다

떠돌다 길을 잃은
바람들의 배회 앞에
이중섭의 은지화처럼
철촉으로 긁어내는
까마귀 늙은 울음이
핏빛보다 붉었다

2

동그라미

사는 일 힘겨울 땐
동그라미를 그려보자
아직은 아무도 가지 않은 길이 있어
비워서 저를 채우는 빈들을 만날 것이다

못다 부른 노래도,
끓는 피도 재워야하리
물소리에 길을 묻고
지는 꽃에 때를 물어
마침내 처음 그 자리
홀로 돌아오는 길

세상은 안과 밖으로 제 몸을 나누지만
먼길을 돌아올수록 넓어지는 영토여,
사는 일 힘에 부치면
낯선 길을 떠나보자

옹이

오래 품는다고 다 내 것은 아니네
살아 백년, 무심히 내버려둔 상처 하나가
자신의 영혼을 도려내는 칼날인 줄 몰랐네

그대가 내 노래의 악보인 줄 몰랐네
달빛에 비단실 걸어 거문고로 울다가
때로는 거듭된 쉼표, 제 욕망에 갇혀버리는

오해일까, 비를 따라 무작정 번개를 따라
피보다 붉은 고독 가슴으로 감싸온 일
저렇듯 저를 버리고도 불을 켠 듯 환하여

오래 품는다고 다 내 것은 아니네
휑하니 떠난 자리가 절망보다 넓고 크지만
마침내 나의 밖에서 안이신 그대, 사랑은

백미러

몰랐네, 하루에도 여러 차례 핸들을 잡고
백 미러를 보면서도 내 진작 알지 못했네
앞으로 가기 위해선 뒤도 봐야 하는 것을

불빛이 번쩍이고 크락숑이 울릴 때까진
내가 설마 장애물인줄 짐작하지 못했네
저만치 물러난 구름은 두고 가야 하는 것을

90도 급커브 지나 짐작에도 없던 꽃들이
환하게 피어 있는, 피어서 흔들리는
앞으로 나가기 위해 뒤를 봐야 한다는 것을

삼경三更

초이레, 달도 지고 혼자 남은 이 깊은 밤
이름 없는 화공畵工의 붓끝 따라 흘러오던
강물도 여장을 풀고 지친 하루를 헹군다.

화두話頭를 풀지 못해 가부좌를 고쳐 앉은
산은 여태 길 하나를 꺼내놓지 못한 채
또 다시 묵언默言에 들어 속마음을 숨기고.

용기 있는 자들은 다 어딜 급히 떠났는지
제 발로 와 죄를 고하는 풀벌레 울음소리만
이 땅의 만성 빈혈을 융단처럼 덮는다.

물

걱정 마라, 더럽혀진 그대 손 씻어주마
내력을 알 수 없는 비린내는 몰라도
땀으로 비루한 과거, 굳이 묻지 않으마

누군들 돌아보면 부끄러움 없겠느냐
함부로 멀어져간 서로간의 오해를 풀고
역겨운 과거도 불러 내일과 손잡게 하마

마실수록 목이 타는 갈증 또한 염려 마라
칼을 가는 마음으로 세상은 날이 저물고
미움에 근저당 잡힌 그대 영혼, 씻어주마

서귀포 바다
― 이중섭 생각

벌거벗은 아이들에게 백사장을 내어주고
밤에만 혼자 우는 서귀포 바다는 이미
흰 소를 타고 나타난 이중섭의 차지였다.

초닷새 달이 잠겨 더욱 더 깊은 바다,
아내가 널어놓고 간 빨래가 젖을까봐
버려진 은박지 위에 뱃고동을 잡아둔 그.

혼자 남은 빈방이 싫어 캔버스를 뛰쳐나와
고독과 섬섬 사이를 밧줄로 묶어놓고
뒹구는 빈 소주병마다 바다를 담고 있었다.

이름

하나뿐인 이름이라고 다 귀한 것은 아니다
헝겊으로 닦아내고 찬물로 씻는다해도
한순간 유혹에 빠지면 진창에나 버려진다

들풀이라고 모두 향기로운 이름 아니다
같은 물과 같은 바람, 태양을 섬길지라도
모두가 향기 그윽한 꽃을 피우진 않는다

어떤 이는 일터에서 또 어떤 이는 전장에서
제각기 상처가 고운 이름들을 거두지만
세월은 악취 나는 이름을 닦아주지 않는다

사람들은 저마다 저의 이름을 닦는다
죽어서 사는 이름과 살아서 죽은 이름을
가슴에 새겨두고도 저만 알지 못한 채

삼보일배

민달팽이 한 마리가 세상으로 길 나섰네
소나기 막 그치고 무지개 해를 어룰 때
쭉 내민 두 팔과 다리, 시작부터 거품이네.

무릎이 깨어지고 온 몸이 굳을 때까진
그러나 그 음침한 집이 천국인 줄 몰랐네
몇 알의 아스피린과 소주병이 나뒹구는.

무시로 다가오는 불길한 예감을 딛고
삼보일배, 살은 터지고 마침내 천국의 문턱
지나던 새 한 마리가 콕, 긴 고독이 끝났네.

흙

어머니는 칠십 평생 흙을 파며 사셨다
손에 흙이 묻어야 목에 밥이 넘어간다며
날마다 빈들을 깨워 온 몸으로 안았다

원하는 3할 치는 밥을 주고 꽃을 주던
세상과의 이별을 위해 어머니가 흙을 놓자
가만히 흙이 다가와 긴 노고를 감싸주었다

언제나 땀에 젖어 하나도 젖지 않은
누군가의 몸이었을, 누군가의 어머니였을
흙이여 너의 몸에선 어머니의 살내가 난다

유등 연못

연꽃도 우는구나 남몰래 우는구나
무시로 흔들리는 마음을 숨기려고
바람에 등을 기댄 채 빈 하늘만 닦는구나

생각느니, 처음부터 잘못된 길이었음에
저를 속인 거짓말이 물밑에서 드러나고
세상을 저울질하던 그 오만도 씻는구나

절반을 물에 묻고도 목이 마른 사랑이여
별을 따라 가거나 무지개를 따라가서
퍼렇게 멍이 든 채로 절룩이며 오는가

사람들도 우는구나 연못에 와 우는구나
젊어 한때 풍진 세상 구름으로 떠돌다가
돌아와 저를 붙잡고 소리 죽여 우는구나

3

정거장

그 때 거기서 내렸어야 했다는 것을
기차가 떠나기 전엔 눈치채지 못했네
창 너머 벚꽃에 취해, 오지 않는 시간에 묶여

그 때 거기서 내렸어야 옳았다는 것을
자리를 내줄 때까진 까맣게 알지 못했네
갱상도, 돌이 씹히는 사투리와 비 사이

그저 산다는 것은
달력에 밑줄 긋기
일테면 그것은 또
지나쳐서 되돌아가기
놓치고 되돌아보는 정거장은 더욱 환했네

보리밟기

봄바람에 뿌리가 들린 보리를 밟는다
문신처럼 드러나는 온 몸의 신발자국,
때로는 혼절의 아픔도 사랑이라 일러주며.

밟으면 꺾어지고 일으키면 누워버리는,
차마 작은 돌 하나도 밀어내지 못하지만
그 속에 물결 드높고 함성 또한 뜨거워라.

꼿꼿이 일어서서 아침 해를 겨누면서
보무도 당당하게 이 땅의 슬픔을 이긴
보리밥, 민초民草의 힘이여! 사투리의 절개여.

정녕 무서운 힘은 창칼도 붓도 아닌
한 근(斤)도 못 미치는 마음 안에 있는 것
날마다 속을 비우는 저 초록, 꿈을 밟는다.

출타

우체부의 자전거에 속달처럼 실려와서
온 세상 흔들어놓은, 흔들어서 깨워 놓은
매화꽃 지는 날에는 나는 또 집을 비웠네.

잠시만 스쳐가도 그 상처는 만리 긴 강,
차마 보내지 못해 꽃을 두고 내가 떠나는
누군들 이 서툰 계산을 눈부시다 하겠나.

오랜 목마름도 한 순간의 꿈도 건너
시든 꽃잎 하나도 말끔히 지고 나면
비로소 달빛 앞세워 내 다시 돌아오겠네.

남산 가는 길

구름을 타고 가네, 걸어서는 가지 못하네
넘어져 본 사람만이 저 산에서 짐작하리라
산새도 슬픔이 있어 돌아앉아 운다는 것을

바람은 제 입 속으로 마른 댓잎을 던져 넣고
연꽃을 든 문수보살 돌 밖으로 나투시면
첫눈이 절 가는 길을 허리춤에 숨기네

누가 얼굴을 보고 그 사람의 세월이라 했나
살점이 뜯겨지고 코마저 깨어져나간
마애불, 발아래 서면 새털만한 삶의 무게여

살아 이미 삶을 건너고 죽음에서도 돌아와
꿈은 다시 땀 흘리며 먼 시간을 실어오지만
언제나 사람의 길은 마음에서 시작되네

댓잎

칼을 간다
깊은 밤중에
달빛을
뿌리며 간다

누구를 치겠다고
병법兵法마저 뒤적이는지…

두어라
밤마다 치솟는 적의敵意,
서걱서걱
잘라낸단다

폐선

뜨겁게 끌어안았던
강물을 뒤로 한 채

달빛만 가득 싣고
생을 마친 폐선 한 척,

자신이
건너갈 것도 아니면서
강을 놓지 못하네.

눈

서둘러 묻어야할 내 허물이 얼마나 많아
어둠이 다져놓은 빈 새벽을 다시 덮어
마침내 눈부신 슬픔, 겹겹이 포개는지

소리 없이 숨겨야할 내 상처가 얼마나 많아
칼날로 제 뼈를 깎는 강물에도 몸을 던져
흐르는 시간의 발길 묶어보려 하는지

묻지 말고 갚아야할 내 빚은 또 얼마나 많아
자신의 침묵 안에 향기 나는 불을 붙여
온 세상 마음과 마음을 하얗게 태우는지

몰랐네, 천국의 새가 죄 없음을 노래하는
걸어서는 갈 수 없는 한 사람의 가슴 안에
그리운 발자국 하나 두고 떠난 까닭을

귀뚜라미

세상의 불이란 불은 모두 다 꺼진 뒤에
달빛 부스러기 풀잎 아래 쓸어 모아
아마도 몰래 숨어서 천주학을 읽는 게야

찌륵찌륵 띄르띄르 아닐 거야 너무 당당해
난리통에 잃어버린 목소리를 되찾아와
여름내 밑줄 그어둔 장자莊子 내편을 읽는 게야

아니지, 책이라고 보기에는 너무 맑아
문자로는 갈 수 없는 하늘 뜻을 읽는 게지
소리로 어둠을 엮어 병든 자의 옷을 입히고…

밤이 깊을수록 천지가 귀를 기울이네
미처 마련치 못한 녹음기를 대신하여
어느새 먼 산의 어깨가 흔들리기 시작하네

가을은

우리가 떠나온 길이 너무 멀고 힘겨울 때
하늘을 걸어서 성자처럼 가을은 온다
제 발길 제가 붙드는 지난 일은 잊으라며

우리가 버리지 못한 미움으로 괴로워할 때
그 미움 태우라고 불꽃처럼 가을은 와서
타다 만 불씨 몇 개를 가슴 한켠 묻어두란다

보내지 못한 사람으로 우리가 아파할 때
이미 지난 일은 침묵 속에 남겨두라며
두 손에 촛불을 들고 기도처럼 가을은 온다

금호강

저 깊은 어둠 걷고 새벽이 밝아오면
팔공산 품에 안고 달구벌 구비 돌아
조용히 저를 헹구는 천년 젖줄 금호강 있지.

가빠오는 숨을 참고 청천, 안심, 다시 동촌
돛은 언제 올렸는가 갈수록 꿈은 멀어도
또 한 번 일어서야지 애가 타는 그리움 있지.

해가 왜 서西로 지는지, 그대 왜 잠 못 드는지
먹물보다 깊은 시름 차마 우리 알지 못해도
묵묵히 따라가야 할 마음속의 푸른 강 있지.

일생을 곤두박히는 그런 삶도 뜨겁게 섬겨
서로의 아픔들을 달빛으로 꿰매어주며
낙동강 허리를 안고 노래하는 강 하나 있지.

삶이란

풀꽃에게 삶을 물었다
흔들리는 일이라 했다

물에게 삶을 물었다
흐르는 일이라 했다

산에게 삶을 물었다
견디는 일이라 했다

4

길

새벽 두시,
취한 내 영혼을 부축해 와서

초인종을 눌러주고는
돌아가지 못한
길
하나

밤 새워 비를 맞으며 기다리고 있구나.

겨울 금천錦川

미처 떠나지 못한 길 하나가 물속에 잠긴
겨울 금천錦川에 앉아 물소리로 적막을 씻네
깃 다친 청동새 한 마리 군장軍裝을 벗는 저물녘

비정의 겨울을 온몸으로 증언키 위해
갈대는 선 채로 죽어 쓰쓰싹싹 스크럼을 짜
가늠키 힘든 수심을 거울처럼 밝혀 놓았네

굽이쳐 온 지난날의 못다 아문 상처를 따라
속으로 울음을 삼킨, 삶은 다만 저 물길 같은가
초간본 옛 지도위로 반역의 뼈도 세우는

후렴뿐인 악보 하나로 강을 지킨 마른풀들
산빛을 꺾어 덮고 시린 어깨 뉘일 때
끊어진 징검다리를 건너 첫눈이 오고 있었네

슬픔

가령 봄이 오면 살구꽃이 피겠구나
그 흔한 짐작도 없이 그가 내게 올 때는
골목길 모퉁이마다 등불을 밝혔습니다.

거역해본 풀잎만이 바람의 속내를 알 듯
내 가만히 찻잔을 닦고 찻물을 끓입니다
어차피 피할 수 없다면 이겨내야 하기에.

달을 인 갈대처럼 잠시잠시 흔들려 와
은빛 그리움으로 가슴 깊이 정좌하는,
슬픔의 상류에 와서 별 하나를 만났습니다.

새벽 강

깊디깊은 잠에 빠진 돌들아, 일어나라
소리치며 흘러가는 새벽 강이 길인 줄을
몰랐네, 유실된 삶의 빈 나루에 이를 때까지.

죽어서 눈을 뜨는 쇠북 아직 울기도 전에
어둠으로 어둠을 덮고 울음으로 울음을 묻어
별빛을 건져 올리는 무수한 저 손놀림….

보아라 세상살이란 새벽 강을 건너는 일
절망도 둑이 넘치면 슬픔처럼 다정해지고
가다가 곤두박히면 또 한 생각 철이 들리라.

그 뜨거운 몸부림도 때로는 안개였음을
몰랐네, 고요에 갇힌 갈대의 흐느낌이
마음에 가두지 못한 밀경密經인줄 미처 몰랐네.

가을 삽화挿畫

달빛을 흔들고 섰는 한 나무를 그렸습니다
그리움에 데인 상처 한 잎 한 잎 뜯어내며
눈부신 고요 속으로 길을 찾아 떠나는…

제 가슴 회초리 치는 한 강물을 그렸습니다
흰 구름의 말 한마디를 온 세상에 전하기 위해
울음을 삼키며 떠나는 뒷모습이 시립니다.

눈감아야 볼 수 있는 한 사람을 그렸습니다
닦아도 닦아내어도 닳지 않는 푸른 별처럼
날마다 갈대를 꺾어 내 허물을 덮어주는 이

기러기 울음소리 떨다 가는 붓끝 따라
빗나간 예언처럼 가을은 또 절며 와서
미완의 슬픈 수묵화, 여백만을 남깁니다.

첫눈

지우기 힘든 일은 잠시 덮어두라며
백지로 보내오신 그대의 편지 속에는
시보다 아름다웠던 거짓말로 가득합니다.

기쁨과 아쉬움과 기다림과 눈물을 딛고
이제는 사면赦免이라며 상처를 덮어주는,
미움도 사랑이라는 그리움의 하얀 뼛가루.

세상의 모든 길은 막혀서 통하듯이
마취에서 갓 깨어난 저 순결한 아침을 위해
비로소 내 꿈의 출구가 아득히 열립니다.

장국밥

울 오매 뼈가 다 녹은 청도 장날 난전에서
목이 타는 나무처럼 흙비 흠뻑 맞다가
설움을 붉게 우려낸 장국밥을 먹는다.

5원짜리 부추 몇 단 3원에도 팔지 못하고
윤 사월 뙤약볕에 부추보다 늘쳐져도
하교 길 기다렸다가 둘이서 함께 먹던…

내 미처 그때는 셈하지 못하였지만
한 그릇에 부추가 열 단, 당신은 차마 못 먹고
때늦은 점심을 핑계로 울며 먹던 그 장국밥.

풍경風磬

부처님 출타중인 빈 산사 대웅전 처마

물 없는 허공에서 시간의 파도를 타는

저 눈 큰 청동물고기 어디로 가고 있을까

뼈는 발라 산에 주고 비늘은 강에나 바쳐

하늘의 소리 찾아 홀로 떠난 그대 만행卍行,

매화꽃 이울 때마다 경經을 잠시 덮는다

혓바닥 날름거리며 등지느러미도 흔들면서

상류로, 적요의 상류로 헤엄쳐 가고 나면

끝없이 낯선 길 하나 희미하게 남는다

목련

그리움을 건너기란
왜 그리 힘이 들던지

긴 편지를 쓰는 대신
집을 한 채 지었습니다

사흘만
머물다 떠날
저
눈부신
적멸의 집.

비로소 한 사람이

비로소 한 사람이 나의 강이 되었습니다
온갖 투정과 허물, 역심逆心마저 감싸시고
차갑고 푸른 언어로 새벽을 홀로 여시는

비로소 한 사람이 나의 산이 되었습니다
백 마디 말보다도 침묵이 더욱 큰 줄을
우러러 태양 아래서 보이고자 하시는

비로소 한 사람이 나의 별이 되었습니다
다가서면 멀어지고 멀어지면 그리워지는
억 광년 어둠 밖에서도 한결같은 그 모습

비로소 한 사람이 나의 길이 되었습니다
말에 지쳐 사람에 지쳐 내 사막에 쓰러질 때
맨발로 달려와 주는 길 없는 영원의 길

강이 되고 산이 되고 별이 되고 길이 되어
비로소 한 사람이 나의 주인이 되었습니다
날마다 나의 안에서 잠든 나를 깨우시는

5

저 산에

스스로 물러앉아 그리운 이름이 된
산에, 저 산에 향기 나는 사람 있었네
수없이 나를 깨워준 늘 푸른 사람 있었네

법구경을 펼쳐두고 비에 젖는 저 빈 산에
휘젓고 간 바람처럼 가슴 아픈 사람 있었네
드러난 상처가 고운, 눈이 먼 사람 있었네

만나서 빛이 되고 돌아서서 길이 되는,
날마다 내 곁을 떠나가는 산에 저 산 안에
영혼의 맑은 노래로 창을 내는 사람 있었네

솔

저 조선의 궐마루를 짚신발로 물러 나와
북소리, 오색 깃발에도 고개 돌려 달래던 가슴
오늘은 야사野史의 뒷장 가부좌로 앉아 있나.

화살보다 깊게 꽂힌 마음의 적의敵意 거두고
굽틀어진 업연業緣마다 또 하나 탑을 앉히며
말없이 해를 견주어 긴 명상에 들었나.

그리운 성산포

내 생애 마지막 한 번 허용 받은 발길이라면
이별이 아름다운 성산포로 나는 가겠네
감청빛 수의囚衣를 입고 제 스스로 갇혀서 사는

돌아오지 않는 배를 기다리다 지쳐 잠든
등대 아래 주저앉아 뼈를 깎는 파도소리
어쩌면 골수에 박힌 그리운 티눈이었네

연노랑 치마폭에 안겨 우는 목금木琴이었나
끓는 가슴 잠재우며 아침해를 불러오면
또 한 번 능욕을 게우며 갈매기를 날리는

갈대

돌아갈 수 없을 만큼 떠난 뒤에 다가오는
삶의 그 허전한 진실 뼛속 깊이 되새기며
온종일 찬 내에 남아
빈 하늘을 쓸고 있던 너.

태풍마저 어찌지 못한 초록빛 꿈을 흩고
깊고 깊은 어둠에 갇혀 몰래 우는 겨울밤에
육신의 옷을 벗고야 낯선 별을 만나는구나.

수없이 긍정하였던 긴 시간의 하류에서
고단한 몸짓 하나로 짚어 가는 희미한 맥박
이제는 짐작하겠네
네가 왜 그리 흔들렸는지.

상처

슬픔에도 썩지 않는 풀씨 하나가 사랑이네
온몸으로 일어나서 태양의 말을 섬기다
저 홀로 떠나가 버린 빈자리가 내 사랑이네

촛불로는 갈 수 없는 길 하나가 사랑이네
겨우내 흔들리던 바람을 꽃으로 앉혀
삼월과 눈을 맞추던 벚꽃길이 내 사랑이네

지울수록 되살아나는 추억의 향기처럼
비 젖은 뜰에 나앉은 타다 남은 불씨처럼
땀땀이 시간을 잇던 끊어진 저 바늘 자욱

무너져서 길이 되는 강 하나가 사랑이네
적막에 갇힌 달을 실어내던 나룻배가
허공에 꽂아두고 간 칼 하나가 내 사랑이네

낙엽의 길

형용사가 머물다 간 내 사랑은 가을나무
외눈박이 새 한 마리 휘파람을 남기고 간 뒤
남몰래 작별을 위한 붉은 외투를 입는다.

차마 삼킬 수 없는 말 한마디 하늘에 주고
가만히 산을 내려와 속내를 숨겨보지만
쓰다만 짧은 편지가 불씨처럼 눈에 밟힌다.

돌아보면 머나먼 길 노을 아래 묻혀져 간
그 아픔 그 상처 덮고 신열져 오는 것들…
어깨를 흔드는 것이 바람만이 아니었어라.

이제는 가야 할 때 남은 창은 별들의 몫
추억의 걸레질처럼 빈 발자국 닦아내며
시월을 사랑한 죄로 길 밖의 길을 떠난다.

아침노을

밤비에
플라타너스
인도 위로 쓰러졌다

행인들은 아무 말 없이
꺾인 가지를 밟고 지나고

노을이
작은 손수건 하나를
그 이마에 덮어 주었다

그대 안에

흔들리는 날에는
가슴에
나무를 심었다

더욱
흔들리는 날엔
나무 안에
나를 심었다

촛불을
삼키고 섰는
그대 안에
별을
심었다

설잠雪岑의 버들피리

풀리는 강가에 앉아 빈 배를 바라보면
실실이 늘친 사랑 버들 너머 구름을 놓고
우려한 봄날을 여는 스님 설잠의 버들피리.

그 음결 밖 해를 뉘고 남은 세월 초립에 묶어
신이 내린 어느 강안江岸의 이름 없는 장승이 되어
찢어진 울음의 새와 더딘 잔을 나누더니.

마른 그 입술을 건너 때로 오는 고운 노래며
바람에 걸려서 지는 한 시대의 젖은 빛으로
떨리는 어둠의 밤을 벗어나게 하누나.

오원吾園*의 눈

솔은 누구를 위해 먼 강을 거느리며
오월 남천南天의 종달새는 어느 가문을 따르는지
단 하나 지상에 남아 지켜보자던 그 까막눈.

좌절이 꽃처럼 피던 왕조의 땅을 떠나
아무도 볼 수 없는 세월 밖에 화폭을 펴고
단계연 먹물에 잠긴 별을 홀로 지키던 사람.

듬듬히 그저 듬듬히 두 눈을 모두 바치고
잔마다 넘쳐흐르던 그 단장斷腸의 밤도 바치고
비로소 매화 빈 가지, 신神의 미소를 얻는다.

*) 화가 장승업의 호.

마을

어둠들이 짐을 부린
넉넉한 목숨의 성
넘어서면 꽃바람 일굴
수명受命의 여명 아래
너와 나 죄를 벗으며
경작하는 이 가난.

때로는 북소리만 남는
진실 그 자욱마다
먼 지평 낙일落日을 거두며
신앙을 밝혀 뜬 달
한 매듭 구원 밖에서
그 옛날을 태운다.

해바라기 다지는 무심無心,
그 화려한 슬픔에 서면
어둠 머금은 씨알 밝은
애원마저 거부한 노을
맺히는 노래 저 멀리
빛을 심는 물소리.

기러기

외로 지킨 달력 한 장을 언 가슴에 접어 넣고
땀 개인 손금 밖으로 예서隸書처럼 날아든 땅
꺾어 문 갈대 한 잎이 핏빛으로 물이 든다.

악보도 건반도 없이 밟아드는 음률이여
분첩빛 눈망울 너머 실려오는 노을이야
수틀에 모닥불 놓던 우리 누님 언약인가.

조용히 날개를 펴면 열려오는 하늘자락
갈숲에 내려앉아서 강물로도 접했다가
한 울음 소리쳐 오르며 화살로도 가고 싶다.

민 병 도   연 보

1953년 경북 청도군 청도읍 원정리 1215에서 아버지 민원식閔元植 씨와 어머니 오덕순吳德順 씨 사이에 장남으로 태어남.

1970년 청도의 모계고등학교에 입학하면서부터 시와 소설을 쓰기 시작함.

1972년 독자적인 문학의 길을 가겠다는 포부로 영남대학교 미술대학에 입학하여 대학신문과 ≪영대문화≫에「오리봉烏嚛峯 늙은이」를 비롯한 소설을 발표.

1973년 대학 2학년 때부터 전공을 한국화로 정하고 정운丁芸 이영도 선생님을 만나면서 시조공부를 시작함.

1974년 대학 3학년 때 대학 내 문예반을 조직하고 반장을 맡았으며 ≪시문학≫ 주최, 전국대학생에세이 모집에서 당선함.

1975년 ≪현대시학≫에서「낙엽기」로 추천을 받음. 3학년 재학 중 제1회 경상북도 미술대전에서 특선을 하고 4학년 때는 대한민국미술전람회(국전)에서 입선함.

1976년 한국일보 신춘문예에 시조「마을」이 당선됨. 영남대학교 미술대학을 졸업(유산酉山 민경갑閔庚甲 선생 사사)하고 <낙강洛江> 동인으로 가입하여 1983년까지 활동함.

1977년 법정 벽지학교인 청송군 부동면의 부동중학교 발령을 받음(1980년 영양 일월중학교에서 사직함).

1978년 ≪시문학≫ 지에「기러기」로 천료.

1980년 중등학교 교사인 이명숙李明淑과 결혼, 딸 진혜珍蕙가 태어남. 교직생활을 청산하고 안동에서 본격적인 화가의 길로 들어섬.

1981년 영남대학교 대학원을 졸업하고 제8회 경상북도 미술대전에서 동상을 수상함.

1982년 영남대학교 강의를 시작으로 안동대학교, 대구대학교 대학원 등에서 미술사와 한국화 실기를 지도함.

1983년 아들 지완志完이 태어남. 경상북도 미술대전에서 금상을 수상하고 수상기념 후원으로 첫 번째 전시회를 가짐.

1984년 노중석, 문무학, 박기섭, 이정환 등과 <오류동인五流同人>을 결성하고 창간호 『바람도 아득한 밤도』를 펴냄. 이후 1994년 제10집 『산 밑에 와서』와 『오류五流선집』을 펴내기까지 활동.
경상북도미술대전에서 동상을 수상하고 추천작가로 위촉됨.

1985년 등단 10년을 정리하여 첫 시집 『설잠雪岑의 버들피리』(흐름사)를 펴냄.

1987년 7년간의 안동생활을 정리하고 대구로 생활터전을 옮김.

1989년 두 번째 시집이자 자유시집인 『숨겨둔 나라』(나남출판사)를 문예진흥기금으로 펴냄. 대구광역시 미술대전의 초대작가.

1991년 세 번째 시집 『갈 수 없는 고독』(동학사)을 펴냄.
제4회 개인전을 대구 송아당화랑에서 가지고 약 한
달가량의 중국 문화기행에서 전통문화와 대륙문화
에 대해 새롭게 접근.
<이호우문학기념회>의 발족과 함께 업무를 총괄하
고 시조전문지 ≪개화開花≫의 편집주간을 겸임함.
제1회 한국시조작품상을 수상함.

1993년 제5회, 제6회 개인전을 가지고 <대구현대한국화
회>를 창립, 1~3대 회장을 역임함.

1994년 네 번째 시집 『무상無常의 집』(그루출판사)을 펴냄.

1995년 다섯 번째이자 자유시집인 『만신창이의 노래』(박우
사)를 펴냄.

1996년 제8회 개인전을 갖고 '문학의 해'와 등단 20년을
정리하기 위하여 시조선집 『地上의 하루』(송정출판
사)를 펴냄.

1997년 장편시조집 『불이不二의 노래』(송정출판사)를 펴냄.
≪시문학≫ 등에서 월평月評을 쓰고 시조동인 <한
결>을 지도함.
제15회 정운丁芸시조문학상을 수상함.

1998년 열 번째 한국화 개인전을 서울과 대구에서 가지고
시화집 『매화梅花 홀로 지다』(송정출판사)를 펴냄.
제1회 대구시조문학상을 수상함.

1999년 한국미술협회 대구광역시지회장에 피선됨. 여덟 번째 시집 『섬』(송정출판사)을 펴냄.

2000년 창작의 산실인 <목언예원木言藝苑>을 개원함. 중국 돈황기행.
대한민국 미술대전 심사위원을 역임함. 제11회 한국화개인전을 동아미술관초대로 가짐.

2001년 우리시대 현대시조 100인선으로 『청동의 배를 타고』(태학사)를 펴내고 제20회 중앙시조대상을 수상함. 대구 동원화랑에서 제12회 개인전을 가짐.
새로운 시조문학의 토양을 확보하기 위하여 순간지 형태의 시조잡지 ≪시조21≫을 창간함.

2002년 아홉 번째 시집 『슬픔의 상류』(동학사)와 시조평론집 『형식의 해방공간, 그 실험의지』(목언예원)를 발간함.
민병도시조낭송CD를 제작하고 서울 예술의 전당에서 13회 개인전을 가짐.

2003년 제1회 월간문학 동리상을 수상하고 대구시조시인협회회장을 맡음. 대구 대백프라자 갤러리에서 열네 번째 개인전을 갖고 화집 『흐르는 강물처럼』을 펴냄.

2004년 열다섯 번째 개인전을 중국 남경 강소성국화원 초대로 개최함. 한국미술협회 부이사장에 피선됨. 청도시조공원조성추진위원장.

2005년 문예진흥원의 지원으로 열 번째 시집『마음저울』(목언예원)과 수필집『고독에의 초대』를 간행함. 제16회 개인전을 대백프라자 갤러리에서 가짐. 청도시조공원을 기획함.

2006년 제26회 가람시조문학상을 수상함.

2007년 제17회 개인전을 대백프라자갤러리에서 가졌으며 대한민국미술대전에 운영위원으로 참여함. 가람시조문학상 심사위원.

2008년 가람시조문학상 운영위원, 심사위원으로 참여하고 제11시집『내 안의 빈집』(목언예원)을 간행하고 제18회 개인전을 가짐.
제45회 한국문학상 수상.

2009년 제23회 금복문화상(문학부문) 수상.
제1회 백수문학제 및 제1회 이호우·이영도 오누이 시조문학제를 기획하고 주관함.

2010년 제12시집『원효』(목언예원), 제2평론집『닦을수록 눈부신 3장의 미학』(목언예원) 간행. 제19회 개인전을 서울과 대구에서 가짐.
청도문인협회를 창립하고 회장에 추대됨.

2011년 제13시집『들풀』(목언예원)을 발간. 한국문인협회 시조분과회장에 당선.
청도소싸랑미술대전, 대구시미술대전 심사위원장.

≪시조21≫ 창간 10주년 기념시화전과 민병도갤러리 개관기념전을 가짐.

2012년 제2회 김상옥시조문학상 수상. 이호우·이영도문학기념회 회장에 피선.
모산학술재단 이사. 서울과 대구, 부산에서 20회와 21회째 개인전 개최.

2013년 두 번째 수필집『꽃은 꽃을 버려서 열매를 얻는다』(목언예원) 발간.
≪시조21≫을 계간지로 발행. 청도예총회장에 추대됨.

현재 '이호우·이영도시조문학상'을 23년째 주관.

〖한국대표명시선100〗을 펴내며

　한국 현대시 100년의 금자탑은 장엄하다. 오랜 역사와 더불어 꽃피워온 얼·말·글의 새벽을 열었고 외세의 침략으로 역경과 수난 속에서도 모국어의 활화산은 더욱 불길을 뿜어 세계문학 속에 한국시의 참모습을 드러내게 되었다.
　이 나라는 글의 나라였고 이 겨레는 시의 겨레였다. 글로 사직을 지키고 시로 살림하며 노래로 산과 물을 감싸왔다. 오늘 높아져 가는 겨레의 위상과 자존의 바탕에도 모국어의 위대한 용암이 들끓고 있음이다.
　이제 우리는 이 땅의 시인들이 척박한 시대를 피땀으로 경작해온 풍성한 시의 수확을 먼 미래의 자손들에게까지 누리고 살 양식으로 공급하는 곳간을 여는 일에 나서야 할 때임을 깨닫고 서두르는 것이다.
　일찍이 만해는 「님의 침묵」으로 빼앗긴 나라를 되찾고 잃어가는 민족정신을 일으켜 세우는 밑거름으로 삼았으며 그 기름의 뜻은 높은 뫼로 솟아오르고 너른 바다로 뻗어나가고 있다.
　만해가 시를 최초로 활자화한 것은 옥중시 「무궁화를 심고자」(≪개벽≫ 27호 1922. 9)였다. 만해사상실천선양회는 그 아흔 돌을 맞아 만해의 시정신을 기리는 일의 하나로 '한국대표명시선100'을 펴내게 된 것이다.
　이로써 시인들은 더욱 붓을 가다듬어 후세에 길이 남을 명편들을 낳는 일에 나서게 될 것이고, 이 겨레는 이 크나큰 모국어의 축복을 길이 가슴에 새겨나갈 것이다.

만해사상실천선양회

한국대표명시선100 | 민 병 도

장국밥

1판1쇄 발행	2013년 7월 17일
1판2쇄 발행	2013년 10월 15일

지 은 이 민 병 도
뽑 은 이 만해사상실천선양회
펴 낸 이 이 창 섭
펴 낸 곳 시인생각
등 록 번 호 제2012-000007호(2012.7.6)
주   소 경기도 양평군 옥천면 고읍로 164
         ㉾476-832
전   화 (031)955-4961
팩   스 (031)955-4960
홈 페 이 지 http://www.dhmunhak.com
이 메 일 lkb4000@hanmail.net

값 6,000원

ⓒ 민병도, 2013

ISBN 978-89-98047-58-0 03810

* 저자와의 협의에 의하여 인지를 생략합니다.
* 이 책의 저작권은 저자와 시인생각에 있습니다.
* 잘못된 책은 책을 구입하신 서점에서 교환하여 드립니다.

※ 이 책은 만해사상실천선양회의 지원으로 간행되었습니다.